Heike Baller

Haiku experimentell

65 Spielereien mit durchschnittlich 17 Silben

Heike Baller

Haiku experimentell

65 Spielereien mit durchschnittlich 17 Silben

Impressum:

Bibliografische Information der Deutschen Nationalbibliothek:
Die Deutsche Nationalbibliothek verzeichnet diese Publikation in der Deutschen Nationalbibliografie; detaillierte bibliografische Daten sind im Internet über http://dnb.dnb.de abrufbar.

© 2024 Heike Baller

Verlag: BoD • Books on Demand GmbH, In de Tarpen 42, 22848 Norderstedt
Druck: Libri Plureos GmbH, Friedensallee 273, 22763 Hamburg

ISBN: 978-3-7693-0936-2

Haiku – experimentell. – Und das heißt nun?

Das Haiku ist eine Gedichtform, die aus dem Japanischen kommt. Japanisch hat mit Deutsch oder anderen europäischen Sprachen so viel zu tun wie ich mit Raketenwissenschaften – nichts.

Eine literarische Form zu adaptieren, wenn die Grundlagen völlig unterschiedlich sind, ist schwierig. Wer meinen ersten Band „Mein Jahr in Haiku" kennt, weiß, dass ich mich an die Regel von 17 Silben in der Aufteilung 5 – 7 – 5 gehalten habe. Das hat zu so manch krauser Zeilenaufteilung oder Wortstellung geführt. Im zweiten und in allen weiteren Bänden habe ich nur versucht, bei den 17 Silben zu bleiben und die zweite Zeile als längste zu nehmen.

Gleichzeitig habe ich viel über Haiku gelesen – gerade auch über die sprachlichen Unterschiede. Japanische Silben und deutsche, oder allgemein indogermanische, Silben sind sehr unterschiedlich in der Struktur. Sie haben auch unterschiedliche Funktionen.

Kann ich nun einfach mit 17 Silben weitermachen?

Das geht. Ich kann auch weiter das Schema 5 – 7 – 5 Silben nutzen. Das tue ich auch. Aber nicht nur

Es gibt nämlich mindesten noch eine weitere Option: Manche Autor*innen sprechen in Hinblick aufs Japanische statt von Silben lieber von Moren.

Moren?

Die gibt es im Deutschen auch. Eine Mora bezeichnet ein „Silbengewicht". Im Deutschen gibt ein- und zweimorige Silben.

Einmorig sind die kurzen, offenen, auf einen Vokal oder mit nur einen Konsonanten endenden Silben.

Zweimorig sind die mit kurzem Vokal und mehreren Konsonanten dahinter. Außerdem die langen Silben und die mit Diphtong:

- da – 1 Mora
- Fall – 2 Moren
- fahl – 2 Moren
- Pfeil – 2 Moren

Wenn ich statt Silben Moren zähle – was kommt dabei heraus? Werden die Texte länger oder kürzer?

Sie finden in diesem Band nun auch Haiku, in denen ich Moren statt Silben gezählt habe.

Verkürztes Silbenschema nach Arata Takeda

Ein Komparatist, also Sprachwissenschaftler, der Sprachen vergleicht, namens Arata Takeda, hat in einem langen Beitrag von 2009* mit dem Titel: „Überschwang durch Überschuss. Probleme beim Übersetzen einer Form – am Beispiel des Haiku" nach langen Erläuterungen „gefordert", im Deutschen solle man ein Haiku auf 10 Silben nach dem Schema 3 – 4 – 3 beschränken, da Silben – er spricht wieder von Silben – im Deutschen so viel bedeutungsvoller seien als im Japanischen. Haiku seien im

Japanischen geradezu karg. Silben indogermanischer Sprachen produzierten im Vergleich einen Überschuss. An Übersetzungsbeispielen zeigt er, wie der Zwang zu 17 Silben dazu führt, dass in den europäischen Varianten eines Haiku etwas hinzuerfunden wird. Das Prinzip mit der längeren mittleren Einheit ist ihm dabei aber ebenfalls wichtig.

Auch mit dieser Vorgabe habe ich experimentiert. Mein Gewährsmann zu Haiku im Bekanntenkreis, hatte mich schon vor einiger Zeit darauf aufmerksam gemacht, dass in der europäischsprachigen Szene der Trend zu kürzeren Haiku zu beobachten sei. Erschreibt selber Haiku und nimmt an internationalen Haiku-Ausschreibungen teil.

Was gehört tatsächlich zu einem Haiku?

Haiku werden in allen europäischen Sprachen geschrieben – ich habe mich umgeguckt, einiges gelesen und dabei festgestellt, dass die formalen Ansprüche sehr unterschiedlich gehandhabt werden. Es gibt auch Haiku, die weder 17 Silben noch 17 Moren besitzen. Auch Arata Takeda hat in seinem Beitrag ein Beispiel für ein deutlich kürzeres Haiku als gelungen vorgestellt.

17 „Silben"

Die 17 ist aber keine willkürliche Erfindung im Rahmen der Adaption – tatsächlich bestehen Haiku aus 17 – japanischen! – Silben. Da kann eben auch das „k" in Tokyo sein eigenes Gewicht haben. Da passt der Begriff „Mora" vermutlich besser als „Silbe".

Die Aufteilung

Auch die Aufteilung von 5 – 7 – 5 ist im Japanischen so angelegt. Nur werden Haiku graphisch nicht in diese Einheiten unterteilt, wie wir es in deutschen Haiku (auch in den Übersetzungen) sehen, sondern der Text fließt durch. Nach Arata Takeda wird dabei noch nicht einmal der Abstand zwischen einzelnen Wörtern markiert und wenn ein Haiku mit einem Bild zusammen erscheint, folgt der „Zeilenumbruch" nicht unbedingt dem Sinn …

Das Jahreszeitenwort

Was im Japanischen unbedingt dazu gehört, ist ein Jahreszeitenwort – die japanische Literatur hat da eine breite Auswahl und diese Begriffe sind weit bekannt; wer Haiku dichtet, kann sie voraussetzen.

Solche allgemeingültigen Begriffe, um die Jahreszeit eindeutig zu kennzeichnen, haben wir nicht. Sicher, „Herbstlaub" oder „Frühlingsgras" – aber denken Sie bei „Frosch" eher an Sommer oder an Frühling? Im Japanischen ist der Frosch ein Sommerwort. Nach meiner Erfahrung mit dem Gesang dieser Tiere, verbinde ich ihn aber mit dem Frühling. Wir haben kein allgemein vertrautes Vokabular. Das macht die Umsetzung schwierig.

Surprise, surprise

Eine weitere Regel beim Haiku lautet, eine Überraschung einzubauen – eine Wendung ins Unerwartete. Bei allem, was ich bisher an Haiku gelesen und auch selber geschrieben habe, sehe ich da die Schwierigkeit, dass die Definition von „Überraschung" variieren kann. Das kann inhaltlich verstanden werden, als Sprachspiel oder als überraschende formale Volte.

In diesem Buch finden Sie nun also Haiku von mir, die mit den unterschiedlichen Vorgaben spielen:

- Mal ist es das Schema 5 – 7 – 5 Silben
- Mal sinds einfach 17 Silben

- Mal sind es 17 Moren im Schema 5 – 7 – 5
- Mal sind es 17 Moren ohne dem Schema zu folgen
- Mal sind es 10 Silben.

Die sollten eigentlich in einer Zeile nach dem Schema 3 – 4 – 3 stehen, doch das ist mit dem Platz auf den Seiten nicht einfach. Die japanischen Schriftzeichen sind untereinander angeordnet – da ist dann mehr Platz. Da Arata Takeda in seinem Beitrag schrieb, der Zeilenumbruch sei bei Haiku nicht inhaltlich motiviert, werde ich damit spielen …

Lassen Sie sich überraschen, welche Form als nächstes kommt – ich stelle die Haiku in diesem Band nach Inhalt und nicht nach Form zusammen.

Ich wünsche Ihnen viel Freude beim Entdecken. Welchem Schema folgt ein Haiku gerade? Wollen Si es herausfinden oder lassen Sie sich lieber von den Worten und Bildern einfangen?

Herzliche Grüße, Ihre

Köln, im November 2024

*Der Link zum zitierten Beitrag:
https://www.degruyter.com/document/doi/10.1515/ARCA.2007.003/html

PS: Mein Blog „Kölner Leselust" finden Sie im WWW unter https://www.koelner-leselust.de –
da gibt es immer mal wieder weitere Haiku …

1. Nun ru - hen al - le Wäl - der,

Die kahlen Äste
grün umschlungen, hält Efeu
toten Wirt aufrecht.

Laublücke erlaubt
Sonnenstrahlspiele am Baum:
Waldkino galore.

Hausnummer 14, Wald-Vogelhaus „Erlenheim"

.

Eleganz gesucht –
Wurzelbeugung spielt
abgespreizten Kleinfinger

Windiger Gefährder
Wipfel rauscht, Ast knackt laut –
Bleibt alles oben?

Hell im Winterwald

leuchten die Bruchstellen

geborstener Stämme.

Ein Jahr später
folgt Efeu alten Spuren, bauman,
stammumschlingend.

Gastfreundlich Linde schenkt Bank

Laubdecke

Baumstammbruchstücke,
halb zerfallen, dazwischen -
leuchtet Ginsterbusch.

Vor Jahren gestürzt,
doch nicht tot. Blätter bezeugen's.
Mein Freund, der Baum.

Blütenweiß umspielt leise den
Baumgreis

Herbstmorgenstimmung
Das Licht erklimmt Baumwipfel
Wärme bricht sich Bahn

Waldfest mit Musik
Beats und Lachen übertrumpfen
Waldesstille

Grün überdacht,
Lichtspiel auf rötlichen Stämmen:
Kieferwirtschaftswald.

Unterholz gelichtet.

Ganz niedergedrückt

von stürzenden Stämmen.

Der Säge entronnen

Dem Wind hingegeben

Den Baum legt's nieder.

Gestürzter Baum
Gestützt von morschem Ast
Spaziergänger passiert rasch

Unter den Füßen – der Weg,
im Augenwinkel – der Wald:
zieht vorbei.

Den Wirt ermordet.

Dann selbst verschmachtet.

Efeus Fehlkalkulation

Al - le Vö - gel sind schon da,
Wol - ken
Blu - men
Tie - re

Flatternder Schatten
zieht den Blick hoch, himmelwärts –
Flatternde Meise

Wolken ziehn

rosa gesäumt

Abendstimmung

Ins Licht gehn gen Osten hell gern

weiter

Päonienblüte,
gefüllt, auch mit Regen.
Ruht auf Heckenkissen.

Vom Frosthauch berührt;
Clematis und junges Laub
halten dagegen.

Abenteuer lockt:
Drachenreitende Katze –
Wolkenbilderbuch.

Lokaler Schneefall

im Sonnenschein:

Bäume lassen Lasten rieseln.

Regenwolken
weichen weißer Wolkendecke:
eine Lichtdusche.

Grünes Blatt bietet

Ruhepunkt für Waldbrettspiel -

ganz ohne Würfeln.

Platsch! Knapp vor rechtem Fuß
landet ein Klecks Vogelschiss.
Knapp entronnen.

Weiße Fellbüschel
Zeugnis fürs Gassigehen
mit Kamm und Bürste.

Wolkenmaskenspiel
Dämmerlichtsprengsel leihen
dem Grau Himmelblau.

Ich seh es gleiten … !
Hufspuren im Matsch evozieren
Kopfkino.

Oktober, 4 Grad

Morgensonnenlicht funkelt

Pfützchen verdampfen

Le val en gris

Nuage descendant

Les feuilles brillent

Windzerzaust

zieren Zirren Himmel

flüchtig

Drachenbaby schlüpft

mutiert zum Flamingo.

Wolkenwandelbild lockt

In Sommerfrische
mit langem Grashalm zwischen
des Schimmels Lippen

In blaue Löcher

zerrissen: Wolkendecken.

Bitte nicht flicken.

Frühlingsgewitter,
Sturmwolkengrau. Darunter leuchtend:
Kirschblüten.

In Astgabel gespannt

für Fliegen-Darts:

Taubenetztes Spinnennetz

Sonnenuntergang
zerreißt dunkles Wolkengrau –
Lichtspende Rot-Gold.

4/4
We shall o- ver- come

Hunderunde.
Unternehmensentscheidung per
Head-Set-Konferenz.

Morgenrundenstopps:

3x Fliederduft testen:

Dunkel, hell und weiß

Der Frühling zieht ein:
Palettenweise Primeln,
roter Tulpenstrauß.

Beim Gartenkonzert
schwebt der Sopran leicht empor.
Amseln antworten.

Offene Fenster
Küchenduft, Musik, Streit.
Leben der andern.

Sanft trommelnd Dachfenster klingt

Herbstregen

Das Kind schaukelt,
sich fast überschlagend …
Angstlustjuchzer

Martinshorn, Glocke,
mit hellem Ton. Zerreißen
Alltagsklangteppich.

Stock im Bach nasse Pfoten Frauchen

spiel'

Roter Ballon schmückt
Friedhofs-Eiben-Grau,
über die Mauern hinaus.

„Herzlich willkommen!“
Eine offene rote Tür –
Die Bulldogge guckt einladend.

„Der richtige Ton …“

Musik? Schwieriges Gespräch?

Waldgesprächsfetzen.

Großer grauer Golf
beibt stehen. Unvermittelt?
Lässt Kind passieren.

Vom Unglück lesen.

Streit belauschen.

Menschen: So.

Schnee im Januar

Eistortenproduktion:

Sandförmchen und -eimer

Endlich Frühstück!

Die Fußgängerin stört nicht,

wenn Meisen Knödel speisen.

Sie schwebt zögerlich.

Dann: Entschieden! Es senkt sich

die Baggerschaufel.

Nachtigallruf weckt

Wehmut, Trauer, Schmerz – um ihn.

Um mich, ohne ihn.

Fast walking woman,
overtakes me,
her eyelashes leading her way.

Goldener Schnitt:

Die Birke vor Sprossenfenster:

Natur – Kunst – Rahmen

Das Zielband durchbrochen

Spinnwebfaden

„Pferdekarussell"? –

doch ohne Halt – Trenngitter

stupst trägen Schimmel.

Himmel grau.

Regenwand grau. Spritzwasser.

Fahrt ins offenbare Nichts.

Fensterglas drinnen draußen

Spiegelung